Disney
アナと雪の女王
100クイズブック

もくじ

アナと雪の女王 ……………………………………3

アナと雪の女王2 ……………………………………53

アナと雪の女王　エルサのサプライズ …111

アナと雪の女王／家族の思い出 …………121

『アナと雪の女王』

触れた物を凍らせてしまう魔法の力を
制御できず、城を飛びだし、雪の女王に
姿を変えたエルサ。姉のエルサを捜す、
明るく勇敢なアナの冒険が始まります。

Q001　物語の舞台背景として参考にした国は、どこ？

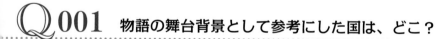

❶ フィンランド　❷ ノルウェー　❸ スウェーデン

A 001　❷ ノルウェー

『アナと雪の女王』の原案『雪の女王』(ハンス・クリスチャン・アンデルセン作)が、北欧を原点にしているので、この物語の舞台となっているアレンデール王国は、ノルウェーの自然豊かな風景や建築、衣装などを参考に描かれている。実在する場所からインスピレーションを受けているからこそ、物語に信憑性が出ているのだろう。

Q002 アナは幼いころ、だれと寝ていた？

❶ イドゥナ王妃と
　寝ていた

❷ エルサと寝ていた

❸ １人で寝ていた

Q003 なかなか眠れないアナ。
アナは寝ているエルサを、なんと言って起こした？

❶ 雪だるま作るのは、
　どう？

❷ 雪だるま作りたいな

❸ 雪だるま作って

A 002　❸ 1人で寝ていた

アナとエルサは幼いころ、部屋は同じだった。城の4階にある広々とした部屋には、天蓋付きのベッドが別々に用意されている。美しいオーロラを見ることができる窓に向かって、右側がアナのベッド、左側がエルサのベッドだ。ベッド周りのインテリアは2人の個性に合わせ、アナはピンク、エルサはブルーのトーンでそろえられている。

A 003　❶ 雪だるま作るのは、どう？

眠れないアナはエルサのベッドに飛び乗り、声をかける。「雪だるま作るのは、どう？」と誘いかけているのが、なんともかわいらしい。アナは、エルサが雪や氷を作りだす魔法の力を持っていることを知っているのだ。2人が1階にある大広間に下りていくと、エルサは小さな雪の玉を作り、天井に向けて放った。すると、雪の玉がぱあっと広がり、雪が降りはじめたのだった。

Q004

城の大広間で、
雪遊びをするアナが履いていたのは？

1 スリッパ

2 スニーカー

3 ショートブーツ

Q005

妖精のトロールは、どこに住んでいる？

1 森　　**2** 谷　　**3** 川

A004　❸ ショートブーツ

　アナが履いているショートブーツと、エルサが履いているバレエシューズのような室内履きは、見るからに対照的だ。雪遊びを楽しむアナにはブーツが必需品だが、雪をたやすく操ることができるエルサは、わざわざブーツに履き替える必要もなく、室内履き程度で十分なのだ。このときエルサは、アナに雪だるまのオラフを作ってあげた。

A005　❷ 谷

　妖精のトロールたちは、アレンデールから離れたリヴィング・ロックの谷に住んでいる。一見トロールはただの岩にしか見えないが、心を開いた相手にだけ姿を現す。渦巻き模様をあしらった苔の衣装を着ていて、首には水晶をぶらさげている。水晶は彼らを北極光へと導くものであり、トロールと自然とのつながりを表しているのだ。恋愛の専門家でもある。

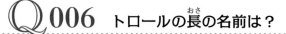

Q006　トロールの長の名前は？

❶ パビー

❷ パピー

❸ バビー

Q007　国王と王妃が帰らぬ人になってしまったとき、アナは何歳だった？

❶ 14歳　❷ 15歳　❸ 16歳

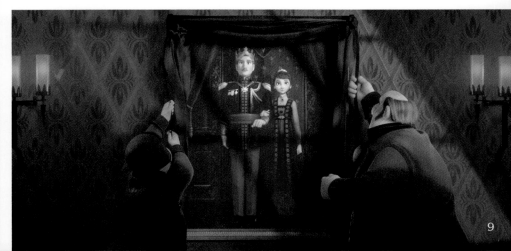

A 006　❶パビー

雪遊びをしているときに、エルサの魔法の氷が誤って頭に当たってしまったアナを、アグナル国王たちはトロールのところへ連れていった。トロールの長のパビーは、ふしぎな力を持つ賢者だ。パビーはエルサが魔法を持っていることを、アナの記憶から消し去り、楽しい思い出に書きかえ、危機を救ってくれた。パビーの年齢は不詳で、特別に黄色い水晶をぶらさげている（男性のトロールは青か緑、女性はピンク）。

A 007　❷15歳

アナは15歳、エルサは18歳だ。国王と王妃は外交のために船旅に出たが、帰ってこなかったのだ。葬儀にエルサの姿はない。人前で魔力がばれてしまうかもしれないことをさけたのだ。せめて、アナを抱きしめ、思いっきり泣きたかっただろうが、それさえ許されない。エルサは凍った自分の部屋で、1人で泣きつづけた。そして、3年の月日が過ぎていった……。

Q008 エルサの戴冠式で、城の門が開くのは、何年ぶり？

1 11年ぶり

2 12年ぶり

3 13年ぶり

A008 ③ 13年ぶり

　エルサの戴冠式が行われるため、城の門が開いた。実に13年ぶりのことだった。寝坊をしてしまったアナだったが、あわてて身支度をすませると、満面に笑みをうかべて城の門から外へかけだしていった。「今日だけでも夢を見たい！」、そんな気持ちでいっぱいだったのだ。このときアナは、式に参列するラプンツェルとユージーンとすれちがっている。

Q009 アグナル国王の戴冠式の肖像画は、城のどこに飾られている？

1 会議室　　**2** 図書室　　**3** 肖像画の部屋

Q010 アナがハンス王子と初めて出会った場所は、どこ？

1 波止場

2 街の広場

3 パーティー会場

A009 ❷図書室

　エルサは、魔法の力を持っていることを、式でみんなに気付かれるのではないかと、不安におびえていた。父の戴冠式の肖像画が飾られている図書室で、エルサは肖像画の前に置かれているロウソク立てと宝石箱を手に取った。ロウソク立てを王笏に、宝石箱を宝珠に見立て、式の練習をしてみたのだが、ロウソク立てと宝石箱はたちまち凍りはじめる……。図書室は城の2階にある。

A010 ❶波止場

　波止場を歩いていたアナは馬とぶつかり、とめてあったボートにたおれこんでしまう。すると、馬がひづめをボートにかけ、ボートが海に落ちるのを、くいとめてくれた。馬に乗っていたハンサムな青年を見たアナは、思わず目を丸くする。そして、好感が持てるこの青年は、ハンス王子だと知ったのだった。波止場は城の近くにあり、周りには、いろいろな店が立ちならんでいる。

Q011 ハンス王子は、何諸国からやってきた？

❶ ノースアイルズ
　（北諸国）

❷ サザンアイルズ
　（南諸国）

❸ イーストアイルズ
　（東諸国）

Q012
戴冠式のあとに開かれたパーティー。
パーティーが始まったとき、
エルサがアナに最初にかけた言葉は？

❶ 元気？　　❷ とてもきれいね　　❸ 久しぶりね

A 011 ❷ サザンアイルズ（南諸国）

　ハンス王子は戴冠式のため、サザンアイルズからアレンデールを訪れていた。礼儀正しく、身なりもおしゃれで、物腰も洗練されている。そんなハンスを、アナは気に入る。ハンスはアナと別れたあと、ボートがひっくりかえり、海に落ちてしまう。式まで時間はわずかなのに、洋服はびしょぬれに……。だが、戴冠式のときには服を着替えているので、この服は式服ではなかったようだ。

A 012 ❶ 元気？

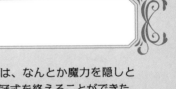

　エルサは、なんとか魔力を隠しとおして戴冠式を終えることができた。ほっとしたエルサは、式のあとに大広間で開かれたパーティーで、「元気？」と、アナに声をかけた。エルサがアナの前で声をかけるのは、13年ぶりのことだ。それからエルサが、「とてもきれいね」と続けると、「エルサも負けずに、じゃなくて、私よりもっともっと、ずっときれい」とアナが返す。すると、エルサは満面に笑みを浮かべた。

Q013

パーティー会場で、アナとエルサが感じた、
すてきな香りとは？

❶ 紅茶の香り   **❷ チョコレートの香り**   **❸ バラの香り**

Q014

ウェーゼルトン公爵は、
ダンスフロアのなんと呼ばれている？

❶ 第一人者

❷ 巨匠

❸ 魔術師

A013 ❷ チョコレートの香り

エルサはパーティー会場をながめながら、「見て、これがパーティーなのね」と、アナに語りかける。アナが「思っていたより楽しそう」と答えたとき、エルサは、「なんだかすてきな香りがしない？」と聞いた。すると2人は、同時に言ったのだ。「チョコレートだ！」。チョコレートはアナの大好物で、城から外に出るとちゅうで、つまみ食いをしている。

A014 ❸ 魔術師

アレンデール王国と長年貿易をしているウェーゼルトン公爵は、2人の部下を従えて戴冠式に出席していた。頭頂部はかつらで、かかとが高い靴を履いている。公爵はエルサをダンスに誘うが、代わりにアナが公爵と踊ることになった。「私はダンスフロアの魔術師と呼ばれている」と、自ら自慢する公爵にふりまわされっぱなしのアナだったが、それでも楽しい一時だった。

Q015

ハンス王子に好きな食べ物を聞かれたアナは、
なんと答えた？

❶ サンドイッチ

❷ ハンバーガー

❸ ホットドッグ

アナとハンス王子はダンスをしたあと、城の外に出て話を交わした。13人兄弟の末っ子で、兄たちから相手にされず、孤独を感じているハンスに、自分を重ねあわせたアナは、心から共感する。ハンスも同じ気持ちだった。ハンスに好きな食べ物を聞かれたアナは、サンドイッチと答える。するとハンスは、「ぼくと同じじゃないか！」と喜んだ。アナは話しながらハンスにチョコレートをすすめているものの、好物にはあげていない。

Q016 ハンス王子のプロポーズに、アナはなんと返事をした？

❶ うれしいわ

❷ 喜んで

❸ もちろん

Q017 気持ちが高ぶったエルサは、思わず手をふってしまう。すると、床に氷の柱が立った。ふったのは、どっちの手？

❶ 右手　❷ 左手　❸ 両手

A016 ❸ もちろん

　アナとハンス王子は、この人しかいないと思った。ハンスが、「おかしなことを言ってもいい？　ぼくと結婚してくれ」とプロポーズすると、アナは、「もっと、おかしなことを言ってもいい？　もちろん」と答えた。2人はさっそく、エルサに結婚の報告をすることにしたのだった。ハンスがプロポーズした場所は、アレンデール王国が見下ろせる滝のたもとだ。

A017 ❷ 左手

　エルサは、アナとハンス王子の結婚を端(はな)から認めなかった。アナが立ち去ろうとしたエルサの左手首を引っぱったとき、エルサの左手の手袋が取れてしまう。エルサの冷酷な態度に傷ついたアナが、「どうしてそんなに私のことをさけるの。どうしていつも1人でいるの。なにをそんなに怖がっているの」と矢継ぎ早に言うと、気持ちが高ぶったエルサは、思わず左手をふってしまう。すると、魔法がふりかかった大広間の床に、氷の柱が立ったのだった。

Q018 城を飛びだしたエルサが、向かった先は？

① イーストマウンテン
　（東の山）

② ウエストマウンテン
　（西の山）

③ ノースマウンテン
　（北の山）

A018 ❸ ノースマウンテン（北の山）

　みんなに魔法の秘密を知られてしまったエルサは、いたたまれなくなり、城を飛びだした。そして、いつしかノースマウンテンのふもとに来ていたのだ。エルサは、右手の手袋もはずすと、自由気ままに手をふり、雪の結晶を出しつづける。やっと、だれにも遠慮なく生きることができる場所を見つけたのだ。エルサはさびしさよりも、恐れることなく、ありのままの姿を見せることができる、すがすがしい気持ちに満ちあふれていた。

Q019　エルサの衣装が変わったのは、いつ？

❶ 氷の宮殿への階段をのぼっているとき

❷ 氷の宮殿が完成した直後

❸ ティアラをはずし、まとめていた髪を下ろした直後

A019

**❸ ティアラをはずし、
まとめていた髪を下ろした直後**

エルサは、ノースマウンテンの斜面に氷
の階段を作ってのぼりきると、今度は氷の
宮殿を作りはじめた。氷の宮殿をまたたく
まに完成させると、エルサは何かを決意し
たかのようにティアラをはずし、まとめて
いた髪を下ろす。このときは、まだ衣装は
変わっていない。そして、その直後、衣装
が変わり、美しい雪の女王に姿を変えたの
だ。ちなみに、片方に寄せた美しい編み込
みヘアに使用している髪の量は、平均的な
人間の4倍を超える42万本だそうだ。

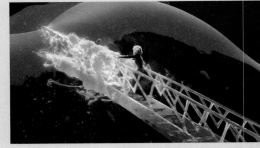

Q020

オーケンの店に行ったアナ。
このとき、店の柱時計は、何時何分を指していた？

1 8時30分　　**2** 9時30分　　**3** 10時30分

Q021

アナに続いて、オーケンの店にやってきたクリストフ。
クリストフが買いたい物は、
ロープとピッケルとあとは、なに？

1 シャベル

2 ニンジン

3 冬用のブーツ

A020 ❸ 10時30分

エルサを捜しに雪山に向かったアナは、山の中にあるオーケンの店に入っていった。オーケンの後ろにある柱時計は、10時30分を指している。アナがエルサを捜しに出たのは、戴冠式後のパーティーの最中だから、夜の10時30分ということになる。オーケンは、こんなおそくまで店を開いているのだ。ディズニーの物語の中で、時計で時間を明らかにしているのは、めずらしいことだ。

A021 ❷ ニンジン

雪で真っ白になったクリストフは、ロープとピッケルとニンジンを買いに、オーケンの店にやってきた。アナは、ここで初めてクリストフと出会っている。クリストフは、このひどい吹雪は、ノースマウンテンからやってきていると言う。クリストフは、手持ちのお金が足りず、ロープもピッケルもニンジンも買えなかった。ちなみに、ニンジンは、6本で1束になっている。

Q022

オーケンがクリストフに対して、
ただにしてくれると言った物は、なに？

1 サンダル　　**2** 日焼けオイル　　**3** サウナの利用料金

Q023

クリストフにハンス王子の親友の名前を
聞かれたアナは、なんと答えた？

1 トミー

2 マイケル

3 ジョン

A 022 ❸ サウナの利用料金

　お金が足りずにほしい物が買えないクリストフに、オーケンは、「値引きはできませんが、サウナにただで入れてあげますよ」と言った。サウナのほうを見ると、親子連れが利用している。オーケンの店の看板の下には、「サウナあります（AND SAUNA）」という小さな看板が出ている。

オーケンの店

サウナあります

A 023 ❸ ジョン

　アナはクリストフが買おうとしていた物をオーケンから買い、これをわたす代わりにノースマウンテンまで連れていってほしいと、クリストフに頼んだ。アナはソリに乗りながら、ハンス王子の話をする。その日に会ったばかりの人と婚約したことが信じられないクリストフは、ハンスの名字、好きな食べ物、親友の名前、目の色、足のサイズと、いろいろなことを聞いてみるのだった。アナは、ハンスの親友の名前を、「たぶん、ジョン」と、曖昧に答えている。

Q024

雪景色がきれいな場所で、しゃべる雪だるま、
オラフと出会ったアナとクリストフ。
このシーンで、オラフの登場は何度目？

❶ 1度目　　**❷** 2度目　　**❸** 3度目

Q025

オラフが目を閉じて想像するだけで、
楽しくなってくる季節は、いつ？

❶ 春

❷ 夏

❸ 秋

A024 ❸ 3度目

　ノースマウンテンでエルサの魔法で出現したオラフは、一瞬で姿を消す。そのあと1人になったオラフは、鼻がなくなっていることに気付き、鼻を探すために雪山を歩きつづけていたのだった。やがて、遠くのほうにアナたちが見えたので行ってみた。すると、アナが持っていたニンジンを、鼻に付けてくれたという訳だ。

1度目　幼いアナとエルサが、大広間で雪遊びをしたとき、エルサがオラフを作る。

2度目　エルサがノースマウンテンに向かう途中で、オラフを出す。

A025 ❷ 夏

オラフは夏にあこがれている。もちろん冬は楽しくて大好きだけれど、暑い夏はもっと好きなのだ。オラフは目を閉じて夏を思い浮かべる。ドリンク片手に浜辺でくつろいで、こんがり日焼けをしている姿を……。オラフは夏を想像するだけで、うきうきするのだ。なぜ夏が好きなのかは、自分でも分からないと言っている。

Q026

夏から冬になってしまったアレンデール。
ハンス王子が人々に配った物は？

❶ マント

❷ 毛布

❸ マフラー

Q027

氷の宮殿を見上げたクリストフは、
なんと言った？

❶ これ、本物？

❷ 涙が出そう

❸ すばらしい！

A 026　❶ マント

　アナにアレンデール王国を任されたハンス王子は、マントを配り、人々を励ました。自国では兄たちにのけ者にされてきたのが、ここではみんなに感謝される存在だ。のちにハンスの正体が明らかにされるが、「城の門は開けてある。大広間に温かい飲み物とスープを用意した」と言って、城にある品を人々に配るハンスを、だれが悪人だと思うだろうか。

A 027　❷ 涙が出そう

　アナたちは、エルサの居場所を知っていたオラフの案内で、ノースマウンテンの険しい斜面にそびえたつ氷の宮殿のたもとまでやってきた。氷でできている宮殿を見上げたクリストフは、「涙が出そう」と言うと、感動で泣きそうになった。氷を売っているクリストフにとって、氷は命同然なのだ。

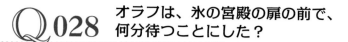

Q028

オラフは、氷の宮殿の扉の前で、
何分待つことにした？

❶ 1分

❷ 3分

❸ 5分

Q029

氷の宮殿で、エルサがアナから聞いて
驚いたことは？

❶ アレンデールが雪と氷に包まれていること

❷ 宮殿の外でオラフが待っていること

❸ アナが、ハンス王子に王国を任せてやってきたこと

A 028　❶ 1分

　アナに氷の宮殿の外で待つように言われたオラフは、しぶしぶ「じゃあ、1分」と答え、1、2、3……と数えはじめる。たった1分と思うかもしれないが、オラフは1から60まで数えることができるということだ。ま
だ、字が読めないオラフにとって、それはすごいことだ。そして、ちゃんと60まで数えると、宮殿の中に入っていったのだった（丸印）。

A 029　❶ アレンデールが
雪と氷に包まれていること

　自分の魔力のせいで、アレンデールを雪と氷で包んでしまったことを知ったエルサは、愕然とした。氷の宮殿で暮らしていれば、だれも傷つけなくてすむと思っていたのに……。力

を合わせれば夏を取りもどせると言うアナだったが、エルサには元に戻す方法が分からないのだ。やがてエルサの恐れが強まると同時に魔力が満ちあふれ、アナの心に氷が当たってしまった。

Q030

エルサの魔法で現れた巨大な雪だるまに、
雪を投げたのは、だれ？

1 アナ　　**2** クリストフ　　**3** オラフ

Q031　巨大な雪だるまの名前は？

1 マシュマロ

2 マシュマロウ

3 マシュマウロ

A030 ❶アナ

帰ろうとしないアナたちの前に、エルサは魔法で巨大な雪だるまを出現させた。氷の宮殿を侵入者から守る役目を負わせているのだ。アナが雪を投げつけると、巨大な雪だるまは怒り、アナたちを崖へ追いやった。この雪だるまは、物語の半ばでハンス王子に片足を切られ、崖から落ちてしまうが、エンドロール後のおまけ映像で再登場している。死なずに生きていたようだ。

A031 ❷マシュマロウ

怒ったマシュマロウに、つららの形をした牙、つめ、とげが生え、襲いかかってくる。物語の中では、だれからもマシュマロウと呼ばれてはいない。だが、巨大な雪だるまをかわしたと思ったオラフが、「ねえ、アナ、スヴェン、どこ？　大きいマシュマロみたいなやつは、もういないよ」と言っている。マシュマロウの名付け親は、どうやらオラフのようだ。

Q032 アナの凍った心を溶かせるのは、どんな愛？

❶ 新たな愛

❷ 真実の愛

❸ 純粋な愛

Q033 氷の宮殿にやってきたハンス王子たち。
宮殿の中に入り、エルサに矢を放ったのは、だれ？

❶ ハンス王子　　❷ 城の衛兵　　❸ ウェーゼルトン公爵の部下

A032 ❷ 真実の愛

クリストフは髪が白くなりはじめているアナに、「昔治したのを見たことがある」と伝えると、トロールのところへ連れていった。クリストフは幼いとき、エルサの魔法の氷が頭に当たってしまったアナを治すために、トロールのところへ連れてきたアグナル国王たちを見ていたのだ。そのとき、トロールのおばさんがクリストフを見つけたのがきっかけで、トロールと暮らすようになったのだった。トロールの長、パビーは、凍った心を溶かせるのは、真実の愛だけだと諭した。

A033 ❸ ウェーゼルトン公爵の部下

ウェーゼルトン公爵の部下たちは、ハンス王子と衛兵たちがマシュマロウに応戦しているすきをついて、ちゃっかりと宮殿の中に入っていった。部下たちは、「女王には手出しはするな」と、ハンスに言われていたのにもかかわらず、エルサに矢を放った。公爵に女王を始末するように言われてきたのだった。だがエルサは、氷の魔力で矢を食い止めた。

Q034　氷の宮殿に入ったハンス王子が、
エルサにかけた言葉は？

❶ お城にお戻りください

❷ アレンデールの冬を、
　夏に戻してください

❸ 人々を
　苦しめるようなことを
　してはいけません

Q035　弱ったアナを城に送りとどけたクリストフ。
そのあと、どうした？

❶ 山に帰っていった

❷ いっしょに城の中に入った

❸ 城の門の前にずっといた

A 034 ❸ 人々を苦しめるようなことを してはいけません

　ウェーゼルトン公爵の部下たちに続いて氷の宮殿の中に入ったハンス王子は、氷を操り、公爵の部下たちを追いつめているエルサの姿を見た。そしてエルサに、「人々を苦しめるようなことをしてはいけません」と声をかけたのだ。ハンスの道理にかなった言葉に、すっかりだまされてしまったエルサは、我に返り、部下たちを追いつめるのをやめたのだった。ハンスの演技は、ここでも絶好調だ。

A 035 ❶ 山に帰っていった

　クリストフは、真実の愛でアナを助けるために、婚約者のハンス王子がいる城にアナを連れていった。そして、召し使いに、「姫を頼むぞ」と伝えると、山に帰っていった。アナのために、身を引いたのだった。アナを出迎えたのは、古くからつかえている3人の召し使いで、右端の男性がカイで、隣の女性がゲルダだ。

Q 036 城に戻ったアナが、開口一番、ハンス王子に伝えた言葉は？

1 会いたかったわ

2 すぐにキスして

3 私を助けて！

Q 037 アナを部屋に置き去りにしたあと、ハンス王子が高官たちに伝えたアナの様子は？

1 息絶えた

2 衰弱している

3 眠っている

A 036　❷ すぐにキスして

　ハンス王子に真実の愛があると思っていたアナは、ハンスに、「すぐにキスして」と頼む。だがハンスは暖炉の火を消し、ドアに鍵をかけると去っていった。ハンスは愛に飢えているアナと、破滅に突きすすんでいるエルサを利用して、アレンデールの王位を手に入れようと企んでいたのだった。この場所は図書室で、ハンスの後ろに、アグナル国王の戴冠式の肖像画が飾られているのが分かる。

A 037　❶ 息絶えた

　ハンス王子は高官や公爵たちに、「アナ王女はエルサ女王に殺された。アナはぼくと結婚を誓ってから、腕の中で息絶えた。アナ王女を殺し、国を滅ぼそうとしたエルサ女王を死刑にするしかない」と、いけしゃあしゃあと嘘を伝えるのだった。すっかりだまされてしまった高官たちは、ハンスにアレンデールを守ってほしいと、心から願うのだった。高官たちが集まっていたのは会議室で、城の3階にある。

Q038

凍えつきそうなアナのために、
部屋の窓を閉めにいったオラフ。
そのとき窓から見えたのは、だれ？

❶ 氷原に座りこむエルサ

❷ エルサに歩みよるハンス王子

❸ スヴェンに乗ったクリストフ

Q039

クリストフが、フィヨルドで
最初に目にしたのは、だれ？

❶ エルサ　　❷ アナ　　❸ オラフ

038 ❸ スヴェンに乗ったクリストフ

凍えつきそうなアナを助けてくれたのは、オラフだった。オラフが開いてしまった図書室の窓を閉めようとすると、なにかが見える。つららの望遠鏡で見ると、それはアナの危機を察知し、スヴェンに乗って助けにきたクリストフだった。オラフは後日談で、アナを思ってかけつけた、クリストフの真の愛の姿が、今も心に焼き付いていると語っている。

039 ❷ アナ

クリストフがフィヨルドで最初に目にしたのは、アナだった。アナもクリストフに気付くが、別の方向で、エルサに剣をふりおろそうとしているハンス王子の姿を見たのだった……。クリストフがフィヨルドに向かう途中で、スヴェンは氷の割れ目に落ちている。でも、なんとかはいあがることができた。クリストフは、そのことをちゃんと確認してから、1人で先を急いだのだった。

Q 040

エルサが凍りついたアナを抱きしめると、
アナはどこの部分から溶けていった？

❶ 頭　　**❷ 肩**　　**❸ 胸**

A 040　❸ 胸

　ハンス王子がエルサに剣をふりおろしたとき、エルサの前に割って入ってきたアナが、その剣を右手で受け止め、はじきとばした。アナの全身が凍りついてしまったためだ。泣きながらアナを抱きしめるエルサ。するとアナの体が左胸から徐々に溶けはじめた。身を投げだしてエルサを助けようとしたアナの真実の愛が、凍りついた心を溶かしたのだ。エルサは魔法をコントロールする方法が、相手を心から思いやる真実の愛だと知る。

Q041

夏に戻ったアレンデール。
ハンス王子が、アナにされたことは？

❶ なぐられた

❷ けとばされた

❸ どなられた

A 041 ❶ なぐられた

　エルサが両手をあげると、アレンデールは、たちまち夏に戻った。アナたちがいたのは、なんと船の上だったのだ。船の片すみにたおれていたハンス王子がアナに、「心が凍ったんじゃ……」と言うと、アナは「心が凍っているのは、あなたのほうでしょ」と言い返す。そしてハンスを思いきりなぐったので、ハンスは海に落ちてしまった。ハンスはサザンアイルズに戻され、ウェーゼルトン公爵は、アレンデール王国の秘密をあばき、富を奪おうとしていたことがばれ、王国とのいかなる取引も打ち切られた。

Q042

アレンデールに日常が戻る。
アナが果たしたクリストフとの約束とは？

❶ 愛のキスをする

❷ 恋人になる

❸ ソリを弁償する

Q043

ラストシーンで、エルサがアナにかけた魔法は？

❶ 洋服の色を変えた

❷ 靴をスケート靴に変えた

❸ ヘアスタイルを変えた

A042 ❸ ソリを弁償する

自分のせいでクリストフのソリを、雪山の谷間に落としてしまったアナは、ソリを弁償する約束をしていたのだった。弁償したのは、飲み物置き場も付いた、最新モデルのソリだ。なくしてしまったリュートも弁償している。アナはクリストフに、「女王の命令でソリは返品不可、交換もなし」と言ったあと、クリストフが正式に氷を運んでくる係に任命されたことを伝えた。

A043 ❷ 靴をスケート靴に変えた

エルサが城の中庭を、魔法でスケートリンクに変えると、人々は真夏のスケートを楽しんだ。その中には、召し使いのカイとゲルダの姿もある。エルサは、よろよろしながらやってきたアナの両手を優しくつかむ。そして、アナの靴にスケートの刃をつけ、スケート靴に変えてあげると、2人は満面に笑みを浮かべ、滑りだしたのだった。

『アナと雪の女王2』

魔力を制御できるようになったエルサ女王は、アレンデールで穏やかな日々を過ごしていました。ところが、ふしぎな声を耳にするようになり……。

Q044　『アナと雪の女王2』は、
1作目『アナと雪の女王』から何年後の設定？

❶ 1年後　　❷ 2年後　　❸ 3年後

A 044 ❸ 3年後

『アナと雪の女王2』は『アナと雪の女王』から3年後の設定で、季節は秋だ。
魔力を自由に操ることができるようになったエルサは、アレンデールの人々が
自分を受け入れてくれていることに感謝していた。アナは、アレンデールが平
和になって、クリストフとスヴェン、そしてオラフが家族になり、もうひとり
ぼっちではないことを、心から喜んでいる。
アナたちは、時間があるときや祝祭がある
ときは城から出て、アレンデールの人たち
と楽しく過ごしているのだった。だがエル
サは、時折、自分にしか聞こえない、ふし
ぎな声を耳にするようになっていた。その
声は、なにかを伝えようとしているような
気がして、心がざわめくのだった……。

Q045 アグナル国王が、王子だったときに訪れた森の名前は？

1 妖精の森　**2** 魔法の森　**3** 神秘の森

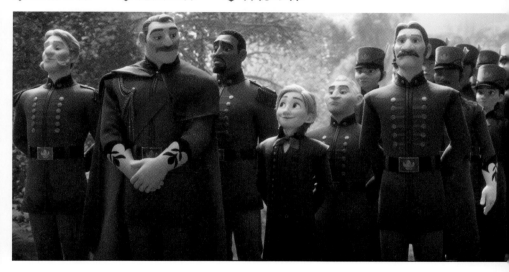

Q046 大地の精霊のシンボルは、どれ？

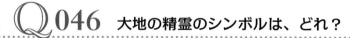

1

2

3

A 045　❷魔法の森

　アナとエルサが幼かったとき、父のアグナル国王が、子どものときに訪れたという魔法の森の話を、2人に聞かせてくれたことがあった。大昔からあるというその魔法の森は、アレンデールの北の果てにあり、強い力を持つ精霊たちに守られていたという。その精霊たちとは、風の精霊、火の精霊、水の精霊、大地の精霊だ。

A 046　❸

　風、火、水、大地の精霊のシンボルは、ひし形の内部や下のV字の部分の模様がちがっている。魔法の森の入り口にある4つの巨石には、それぞれのシンボルが刻まれている。また物語の中では、氷の結晶となったシンボルも登場する。元素の象徴として登場するこれらの精霊たちは、キャラクターと言うべきなのか、エンバイロメント（環境）の一部なのか、境界が曖昧だ。①は水の精霊のシンボル、②は風の精霊のシンボル、火の精霊のシンボルは、下に示す。

火の精霊のシンボル

Q047

式典に参列していたアグナル王子が、
森の奥で見かけたのは、なに？

1 ウサギ　**2** トナカイ　**3** 少女

Q048

アートハランの子守唄の
アートハランとは、なんの名前？

1 川の名前

2 谷の名前

3 山の名前

A047 ❸ 少女

　アグナル王子は、森の奥でノーサルドラの少女が風に吹き上げられている姿を見た。少女は風と戯れるかのように、楽しそうにくるくると回っていたのだった。そのとき突然、アレンデールとノーサルドラのあいだで騒ぎが起こり、アグナルはその場をあとにした。この少女こそが、のちにアグナルと結婚して王妃となったイドゥナなのだが、このときのアグナルは知る由もなかった。

A048 ❶ 川の名前

　イドゥナ王妃が、幼いアナとエルサに歌ってくれたアートハランの子守唄は、王妃が子どものころ、母が聞かせてくれた子守唄だった。アートハランとは川の名前で、過去のすべてを知っているという。王妃がアナの鼻筋をやさしくなでながら歌っていると、アナは間もなく眠ってしまう。このとき王妃は、アナの鼻の頭を人差し指で、ちょんと触ったあと、鼻筋を小指でなでている。

Q049 オラフは、どんなことを思うと怖くなる？

1. 楽しい毎日がいつまで続くのか、と思うと

2. 変わらないものはない、と思うと

3. いつか体が溶けるかもしれない、と思うと

A 049 ❷変わらないものはない、と思うと

　オラフは、変わらないものはない、と思うと怖くなった。だがアナは、そばに支え合えるエルサ、クリストフ、オラフ、スヴェンがいるから、今はなにも怖くなかった。支え合う、みんなの心は一つで、ずっと変わらない。変わらないものはあるのだ。アナがそのことをオラフに伝えると、オラフは、少し安心したようだ。アナとオラフが話している場所はカボチャ畑で、城の後ろに位置する丘の上にある（楕円の印あたり）。夕方に行われる感謝祭にぴったりの、大きなカボチャがごろごろしている。

Q050

アナにプロポーズすることに決めたクリストフ。
このあとオーケンの店で、なにをした？

❶ サウナに入った

❷ 洋服を買った

❸ 爪の手入れをしてもらった

Q051

ジェスチャーゲームをしているオラフ。
ソフトクリームのお題を表現しているのは、どれ？

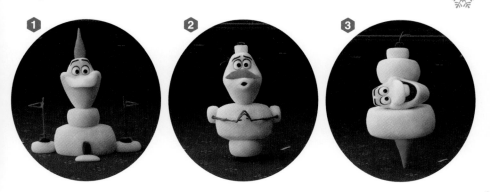

A 050 ❸ 爪の手入れをしてもらった

　クリストフは、どんなときもアナを愛しているが、プロポーズするには、今ひとつ勇気がない。そんなクリストフを、スヴェンがオーケンの店へ連れていく。するとオーケンが爪の手入れをしてくれ、スヴェンが肩をマッサージしてくれたのだった。

A 051 ❸

　アナたちは、夜はジェスチャーゲームを楽しんだ。アナとエルサ、クリストフとオラフがチームとなり、スヴェンがタイムキーパーだ。字を読むことを覚えたオラフは、スヴェンからわたされたお題を、かんたんに読むことができた。あっという間にオラフのジェスチャーを全部言い当てたクリストフに、アナは、オラフは体がバラバラになるからずるいと文句を言う。①のお題は城、②はオーケンだ。

Q052 ジェスチャーゲームをした場所は、城のどこ？

❶ 会議室 　**❷** 図書室 　**❸** アナの部屋

Q053 エルサだけに聞こえるふしぎな声は、なんの旅に踏みだすように求めている？

❶ 未知の旅

❷ 冒険の旅

❸ 神秘の旅

052　❷図書室

　ジェスチャーゲームをしたのは、エルサがロウソク立てと宝石箱で戴冠式の練習をした、アグナル国王の戴冠式の肖像画が飾られている図書室だ。アナ、オラフの次に番が回ってきたエルサは、お題を表現している途中で、疲れたので休むと言って席を立ってしまった。また、ふしぎな声を耳にしたのだった。ちなみに、アナが表現しているお題は、悪者。エルサのお題は、氷だ。

A 053　❶未知の旅

　自分だけに聞こえるふしぎな声に呼び起こされたエルサは、声が未知の旅へ踏みだせと求めているように感じた。フィヨルドへ行ったエルサは、一気に魔法の力を解き放つ。

その瞬間、空気中の水分が凍り、風、火、水、大地の精霊たちのシンボルが氷の結晶となって空をおおったのだった。バルコニーのドアを開けたアナは、目の前に浮かんでいるおびただしい氷の結晶に目を丸くした。

ディズニー 3さい
わたしの かわいい さがしもの
定価：1980円（税込）

KODANSHA

海キャラ公式SNS

このマークは
電子書籍あり

玩具絵本

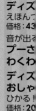

うた♪

よんで！ うたって！ あそんで！
リトル・マーメイドえほん
アリエルと いっしょ！
定価：693円（税込）

いっしょに うたおう！
アナと雪の女王
うたの えほん
定価：506円（税込）

ディズニーランドえほん
4つの おはなし
イッツ・ア・スモールワールド／
ジャングルクルーズ／
ホーンテッドマンション／
スペース・マウンテン
定価：2178円（税込）

東京ディズニー
リゾートに
行きたくなる
17のおはなし
定価：3278円（税込）

ディズニー
イッツ・ア・
スモールワールド
せかいで いちばん しあわせな
ふねの たび
定価：1540円（税込）

Q054

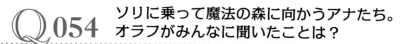

ソリに乗って魔法の森に向かうアナたち。
オラフがみんなに聞いたことは？

1 水に希望があるって
知ってた？

2 水に幻想があるって
知ってた？

3 水に記憶があるって
知ってた？

Q055

ソリをおりた草原で、
アナたちの前に現れた物は、なに？

1 霧　**2** 岩　**3** 茨

A054　❸ 水に記憶があるって知ってた？

アナ、エルサ、クリストフ、オラフは、ふしぎな声の主を見つけるために魔法の森へ向かった。スヴェンが引くソリの荷台では、オラフがみんなに、「水に記憶があるって知ってた？」と聞く。そのあとも、オラフの口からは次々と豆知識が飛びだしてきた。本を読んで得た豆知識を、自慢したくてしようがないのだ。走っているソリのかなたに氷の宮殿が見える。今も氷の宮殿は健在という訳だ。

A055　❶ 霧

ソリが草原を走っていたとき、エルサはふしぎな声を耳にする。するとエルサは、クリストフにソリをとめるように伝えた。みんながソリからおりると、前方には草原を区切る大きな壁のように霧が立ちこめていた。そこは森の入り口で、霧が晴れていると右下のような景色になる。

Q 056 「魔法の森は、変貌の場所」と言ったのは、だれ？

❶ アナ　　**❷** エルサ　　**❸** オラフ

アナたちは霧の中を歩いていった。オラフが不安そうな顔をしているみんなに、「知ってた？　魔法の森って変貌の場所なんだってさ。どういう意味だか分かんないけど……」と言うと、みんなの顔がさらに曇る。そのとき、みんなは勢いよく背中を押され、森の奥へつっこまれた。森の中に閉じこめられてしまったのだった。間もなく、

みんなの目の前に、紅葉した美しい森が広がった。ちなみに、自然の環境を魅力的に描くのは難しく、デザイナーたちは植物学者の力を借り、描く木や草を選びだしたそうだ。

Q057

森の中で迷ってしまったオラフ。
アナ、エルサ、スヴェンの次に呼んだ名前は？

1 クリストフ　**2** パビー　**3** サマンサ

Q058

エルサは、竜巻となって現れた風の精霊を
落ちつかせた。
すると現れたのは、なんの像？

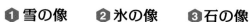

1 雪の像　**2** 氷の像　**3** 石の像

057 ❸ サマンサ

森の奥をさまよっていたオラフは、迷子になってしまい、みんなの名前を呼ぶ。「アナ」「エルサ」「スヴェン」の次に呼んだ名前は、「サマンサ」だった。そしてオラフは、「もういやだな。サマンサってだれよ」と言い、笑い転げるのだった。そのあとオラフは、森の精霊たちに追いかけられる。ちなみに、「サマンサ」は、オラフ役のジョシュ・ギャッド氏のアドリブ？

 058 ❷ 氷の像

エルサが竜巻となって現れた風の精霊に向かって、手を広げ、激しい雪を吹きつけると、あたりの空気は雪におおわれ、風が止み、凍りついた。そして、過去の出来事を形にした、いくつもの氷像が現れた。その中には、アグナル王子を抱きかかえているノーサルドラの少女の氷像もあった。のちにエルサはアートハランで、その少女が王子を荷馬車に乗せて助けだそうとしている氷像を見る。

Q059 オラフが風の精霊に付けた名前は？

1 ゲイル

2 ゲイリー

3 ゲイト

Q060 魔法の森に閉じ込められていた アレンデールの兵士は、何人？

1 5人　　**2** 10人　　**3** 15人

A 059　❶ゲイル

エルサの魔法で氷像が現れたとき、オラフの体の周りを、木の葉が優しく舞う。そのときオラフは、風の精霊にゲイルという名前を付けてあげたのだ。そしてエル

サは、舞っている木の葉に向かって、「もう、ご機嫌は直った？」と声をかけたのだった。4つの精霊の中で、風の精霊だけは姿がないが、木の葉や枝などを使って、感情や動きなどを表現している。

A 060　❶5人

突然、法螺貝（ほらがい）の笛のような音がすると同時に、ノーサルドラの人々とアレンデールの兵士たちが現れる。ノーサルドラの少女が「武器を捨てなさい」と言うと、アナたちの背後にいるアレンデールの兵士が、「そっちこそ捨てろ」と答える。剣と盾を手にしている兵士たちは、魔法の森に閉じ込められてしまったアレンデールの兵士たちだった。その数は意外と少なく、5人だ。

Q061

争いを止めるために、
みんなの前で魔法を使ったエルサ。
そのときアナは、エルサになんと言った？

1 寒いあいさつに
したんだね

2 冷たいあいさつに
したんだね

3 凍ったあいさつに
したんだね

Q062

マティアス中尉の肖像画があるのは、城のどこ？

1 図書室　　**2** 肖像画の部屋　　**3** 会議室

A 061　❷冷たいあいさつにしたんだね

　ノーサルドラの人々とアレンデールの兵士たちは、たちまち、争いを始めようとした。ノーサルドラとアレンデールは、いまだに敵対しつづけているのだ。するとエルサは、魔法で地面を凍らせ、争いをとめようとした。氷で滑り、腰をついたみんなは、エルサの魔法に驚く。するとアナは、「冷たいあいさつにしたんだね」と冗談を言ったのだった。

A 062　❶図書室

　マティアス中尉のことを、どこかで見たことがあると思っていたアナは、ジェスチャーゲームをした図書室に、中尉の肖像画があったことを思いだす。そして、「そうだよ、マティアス中尉だ。図書室の左から2番目の肖像画。お父様の護衛をしていたんでしょ？」と叫んだのだった。図書室の壁には、アグナル国王の戴冠式の肖像画、中尉の肖像画、ルナード国王の肖像画の順で並んでいる。

Q063　火の精霊の名前は？

1 ファイア　　**2** サラマンダー　　**3** ヒート

A 063 ❷サラマンダー

　突然、木が燃えはじめ、森は一瞬にして火に包まれる。火の精霊の仕業だ。エルサは火の精霊に氷を吹きつけ、追いつめる。すると、サンショウウオの姿をした、かわいらしい火の精霊が姿を見せたのだった。エルサに、またふしぎな声が聞こえると、火の精霊は、北へ行くように目配せをした。物語の中では、サラマンダーと名前を呼ばれてはいない。サラマンダーとはサンショウウオのことだが、英語版では、ブルーニになっている。

Q064 ノーサルドラのライダーが、クリストフに教えてくれたことは、なに？

❶ トナカイと話す
　方法

❷ 氷をたくさん売る
　方法

❸ プロポーズの
　方法

Q065 精霊のシンボルは、エルサのスカーフの柄にもあった。ノーサルドラのハニーマレンが指さしているのは、どの精霊のシンボル？

❶ 第5の精霊

❷ 第6の精霊

❸ 第7の精霊

A064　❸ プロポーズの方法

トナカイと深い絆で結ばれているクリストフと、ノーサルドラのライダーは、すぐに意気投合した。ライダーは、たくさんのトナカイを使ってやるプロポーズの方法を教えてくれた。ちなみに、ライダーという名前は、クリス・バック監督の息子さんの名前から取ったそうだ。ライダーと同じく明るい性格だった彼は、監督が1作目『アナと雪の女王』の製作中に交通事故で亡くなった。

A065　❶ 第5の精霊

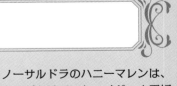

ノーサルドラのハニーマレンは、エルサがかけていた、イドゥナ王妃の形見のスカーフを手にすると、柄になっている精霊のシンボルの説明をはじめた。「これが風、火、水、大地」。そして真ん中にあるシンボルを指さし、「これは、第5の精霊」と教えてくれたのだった。第5の精霊のシンボルは、ひし形をしている。

Q066

ライダーといたクリストフは、アナの姿を目にする。
そのあと、肩を落としている理由は？

1 アナにプロポーズを
断られたから

2 アナがだまって
出ていって
しまったから

3 アナへわたす指輪を
なくして
しまったから

Q067

北に向かったアナたちは、難破船を見つける。
難破船は、どこから流されてきた？

1 ダーク・シー　　**2** サザン・シー　　**3** アートハラン

A066 ❷ アナがだまって 出ていってしまったから

　ライダーと森の奥にいたクリストフは、近づいてくるアナに、秘めていた思いを声に出す。「どうか、ぼくと結婚してくれ！」。ところが、目の前に現れたのは、ノーサルドラのリーダーのイエレナだった。イエレナが、アナは女王と出ていったと伝えると、クリストフは、がっくりと肩を落としたのだった。クリストフの周りに飛んでいるのは、ライダーが用意してくれた青い蝶とカエデの実だ。

A067 ❶ ダーク・シー

　アナは見つからなかったクリストフのことが気になりながらも、エルサとオラフといっしょに北へと向かっていた。やがてアナたちは、難破船を見つけた。船の先にある国旗（丸印）から、アグナル国王とイドゥナ王妃が乗っていたアレンデールの船だと分かる。エルサが、「なぜ、ここに船があるの？」と聞くと、アナは「ダーク・シーから流されてきたんだよ」と答えた。

Q068

難破船の中で、
状況の手がかりとなる地図を見つけたアナ。
地図は、なんの中に入っていた？

1 酒樽の中

2 避難用具入れの中

3 防水の入れ物の中

81

A 068 ❸ 防水の入れ物の中

アナは、両親がどうしてダーク・シーに行ったのかが分からなかった。手がかりを探していると、アレンデールの船には必ずある防水の入れ物を運よく発見することができた。その入れ物を開けてみると、中に地図が入っていたのだ。地図に書かれていた点線は、ダーク・シーからアートハランへとつながっている。両親は、過去のすべてを知っている、アートハランへ行くつもりだったのだ。

Q069 アグナル国王が、死の直前にイドゥナ王妃に言った言葉は？

❶ 進みつづけよう、エルサのために

❷ 魔力の答えを探すのだ、エルサのために

❸ ここで死んではいけない、エルサのために

A 069 ❶ 進みつづけよう、エルサのために

両親がどうなったのかを知りたいエルサは、水を含んだ船の床に手をついた。すると、たくさんの水滴が浮かびあがり、やがて両親の最期の様子を氷で作りだ

した。荒波に打たれるイドゥナ王妃が、「エルサの力は、アートハランから来ているのよ」と大声で伝えると、アグナル国王は、「進みつづけよう、エルサのために」と言った。そして、「波が高すぎる！」と叫ぶ王妃を抱きしめたのだった。

エルサが魔法で作った、氷の小舟に乗せられたオラフ。
このときのオラフは、どんな気持ちだった？

1 怒っていた

2 悲しかった

3 がっかり
していた

A 070　❶怒っていた

　エルサといっしょにアートハランに行こうとするアナだったが、エルサは魔法で氷の小舟を作ると、アナとオラフを乗せ、氷の道に滑らせた。そして、小舟は川へ流されていった。オラフは怒りを感じていた。エルサがさよならも言わずに自分のことを追い払ったことに、アナは変わらないものがあると言っていたのに、なにもかもが変わってしまったことに……。分厚く透明な氷の小舟には、雪の結晶の模様がうめこまれている。ゆりかごのような形は、アナとオラフを優しくつつみ、守ってくれているのだ。

Q071 水の精霊の名前は？

1 ナック

2 ニック

3 ノック

Q072 水の精霊に乗ることができたエルサは、何回ふりおとされた？

1 2回　　2 3回　　3 ふりおとされない

A 071 ❸ノック

　ダーク・シーに行ったエルサは、海の中で馬のような水の妖精、ノックと出会う。ノックは、なにかを感じ取ろうとしているかのように、エルサをじっと見つめる。と

同時に、エルサを攻撃しはじめたのだった。ノックという名前は、物語の中では呼ばれていない。ノックは地上でも水中でも現れるが、水中では、一瞬で細かな水滴になって消えることがある。そうすることで、水でできていることを表現しているのだ。

A 072 ❸ふりおとされない

　エルサは水の精霊、ノックの攻撃に苦戦する。だが、氷で馬のくつわを作り、ノックの口にはめることができた。エルサはノックに乗ると、ふりおとされそうになりながらも、手綱を必死に引っぱりつづける。やがてノックは、おとなしくエルサを乗せてくれるようになった。アグナル国王とイドゥナ王妃は、ノックの攻撃に負

け、帰らぬ人になってしまったのかもしれない。

Q073

アートハランが見えてきたとき、
エルサはどんな気持ちでいっぱいだった？

1 うれしさで
いっぱい

2 不安で
いっぱい

3 なつかしさで
いっぱい

Q074

精霊たちの4つのシンボルの中心に立つエルサ。
このとき、浮かびあがった情景は？

1 過去の情景　　**2** 現在の情景　　**3** 未来の情景

A073　❸ なつかしさでいっぱい

　水の精霊、ノックに乗ったエルサは、北へと向かった。やがて氷河を抱いた島、アートハランが見えてきた。ふしぎな声が聞こえてくると、エルサはなぜかなつかしさでいっぱいになり、体がふるえた。そしてアートハランへ

着いたエルサは、ノックから下りると、我が家に帰ってきたような気持ちで、氷河の中へ入っていったのだった。このときエルサは、結んでいた髪をほどいている。

A074　❶ 過去の情景

　魔力を持って生まれてきたことに悩みつづけてきたエルサは、やっと自分の秘密を知る時が来たのだと、感慨にひたりながら氷河の中を進んでいった。そして精霊たちのシンボルを魔法で出すと、その中心に立った。すると目の前に、さまざまな過去の情景が広がった。その中には、アグナル王子を抱きながら「ああ、ああ〜」と言っている、ノーサルドラの少女、イドゥナの姿があったのだった。

Q075
アートハランで、イドゥナ王妃は、
エルサになんと声をかけた？

❶ 会えて、うれしいわ

❷ おいで、よい子よ

❸ やっと来てくれたのね

Q076
アートハランで、エルサは過去の情景を見る。
アグナル王子が読んでいる本は、なに？

❶ 童話　　❷ 小説　　❸ 専門書

A 075 ❷おいで、よい子よ

　ふしぎな声の主は、母、イドゥナ王妃だったのだ。イドゥナがエルサに、「おいで、よい子よ」と声をかけると、エルサは「見つけた」と返事をした。と同時に、エルサの洋服が、真っ白なドレスに変わっていった。このときエルサは、自分が第5の精霊だと確信したのだった。ドレスには、5つの精霊たちのシンボルがデザインされている。

水の精霊

風の精霊

大地の精霊

火の精霊

第5の精霊

A 076 ❶童話

　エルサの目の前に過去の情景が見えてきた。情景は新しいものから古いものへと移っていく。木の枝に逆さまにぶらさがった少女のイドゥナが、アグナル王子になんの本を読んでいるのかと聞くと、王子は、「デンマークの童話だよ」と答える。この過去の情景の1つ前に、イドゥナがアグナル国王に「過去のことを話したいの。どこから来たか」と言っている。イドゥナは結婚前に、自分がノーサルドラであることをアグナルに伝えていたのだ。

Q077

過去の情景は、ルナード国王がダムを贈った
祭典の日へと移る。ルナード国王が、
ノーサルドラを疑っている理由は？

1 魔法の森を
独占しようと
しているから

2 ダムをこわそうと
しているから

3 魔法を使うから

Q078

ルナード国王の過去の情景を、氷像が伝える。
その情景を見て、アナが決心したことは？

1 エルサを
助けにいく

2 ダムをこわす

3 みんなに
真実を話す

A 077　❸ 魔法を使うから

　過去の情景は、ルナード国王がノーサ
ルドラにダムを贈った祭典の日へと移っ
ていった。ルナード国王は、ノーサルド
ラの魔法信仰を恐れていたのだ。魔法が
使えると偉くなった気になり、国王にさ
からうようになると言うのだ。そこで国
王は、ダムでノーサルドラの大地を弱く
して引きさき、従わせようとするのだっ
た。やがてエルサは、ルナード国王がノ
ーサルドラのリーダーに剣をおろす姿を
見ると同時に、凍りついてしまう……。

A 078　❷ ダムをこわす

　そのころ洞窟にいたアナとオラフの前に、ルナード国王がノーサルドラのリーダーに剣
をふりおろす瞬間の氷像が現れる。エルサが凍りつく直前に、アナに放ったのだ。アナは
ルナード国王の、過去の情景を伝える氷像から、ダムは平和の贈り物ではなく、罠だった
ことを確信した。そして、森を自由にするために、ダムをこわす決心をしたのだった。

Q079 友好の証のはずだったダムをこわすのは、
つらいアナ。アナに元気が出ることを言ってと
頼まれたオラフは、なんと言った？

❶ エルサは、
　きっと無事だよ

❷ 出口が見えるよ

❸ クリストフは、
　アナのことが
　好きなんだよ

Q080 洞窟で、オラフがアナに伝えた、
変わらないものとは？

❶ 愛　　❷ 友情　　❸ 真実

A 079 ❷ 出口が見えるよ

　ダムをこわす決心をしたものの、アレンデールとノーサルドラの友好の証のはずだったダムをこわすことは、アナにとってつらいことだった。おまけに、今いる洞窟には出口がないのだ。がっくりと肩を落としたアナは、オラフに、「なんか元気が出ることを言って」と頼んだ。するとオラフは、「カメはお尻で息ができるんだ」と言ったあと、「あ

とはね、出口が見えるとか」と続けた。洞窟の出口が分かり、喜んだアナだったが、オラフのまわりに粉雪が舞いはじめ……。

A 080 ❶ 愛

　オラフは魔法の力が弱くなっている自分に気付いた。エルサの魔力が弱くなっている証拠だ。オラフは弱々しい声で、「変わらないものを1つだけ見つけたよ」と言う。それは、愛だとアナに伝えると、アナは泣きながらオラフを抱きしめた。「ぎゅーって抱きしめて」と言うオラフは、とても幸せそうだった。やがてオラフは粉雪になり、洞窟の外へ舞いあがっていった……。

Q081

アナに起こされた大地の精霊、アース・ジャイアント。
アース・ジャイアントは、このあと、どうした？

❶ アナをつまみあげた　　❷ アナを追ってきた　　❸ また、眠った

Q082

ダムから落下しそうなアナを助けたのは、だれ？

❶ クリストフ

❷ マティアス中尉

❸ クリストフと
　マティアス中尉

A 081　❷アナを追ってきた

アナは大地の精霊、アース・ジャイアントに岩を投げさせ、ダムをこわすことにした。「ねえ、起きて！」。アース・ジャイアントを挑発したアナは、クリストフとマティアス中尉の力を借りると、ダムの上にあがった。すると、アース・ジャイアントはアナをめがけて、岩を投げてきたのだった。岩でできているアース・ジャイアントは、何十年ものあいだ、ほとんど眠っていたのだ。その証拠に、体に苔が生えている。安眠を妨害されて怒ったアース・ジャイアントだったが、アナにとっては、思うつぼだったのだ。

A 082　❸クリストフとマティアス中尉

大地の精霊、アース・ジャイアントがアナに向けて投げた岩で、ダムがくずれはじめた。ダムから森の地面に向かってかけだしたアナは、決死の覚悟でジャンプした。すんでのところで足を踏みはずしそうになったアナに、マティアス中尉が手を差しのべ、クリストフが引きあげるのを手伝った。その間に、ダムの壁にひびが入り、水が流れだす……。

Q083 城に向かって流れていくダムの水を、
エルサはどうやって食いとめた？

1 水を氷の壁で
食いとめた

2 水を粉雪にかえて
食いとめた

3 水を蒸発させて
食いとめた

Q084 魔法の森の霧は、何年ぶりに消えた？

1 14年ぶり　　**2** 24年ぶり　　**3** 34年ぶり

A083　❶水を氷の壁で食いとめた

　ダムが崩壊すると、水はアレンデールの城に向かって勢いよく流れだした。激流が城を飲みこもうとしたとき、水の精霊、ノックに乗ったエルサが現れた。そして、激流に向かって魔法を放つと氷の壁が立ちあがり、水の流れを食いとめたのだった。

A084　❸34年ぶり

　魔法の森の霧が晴れると、青空が見えた。森に自由が戻ったのだ。青空を見あげながら、マティアス中尉が「34年ぶりか」とイエレナに声をかける。イエレナが「と5か月」と付けくわえると、中尉がさらに「それと23日だよな」と言い足した。喜んだのはノーサルドラの人々だけではなく、草原に勢いよく走りだしたトナカイたちも同じだった。

Q085

精霊たちは、アレンデールを治めつづけるのは、
だれと決めた？

❶ アナ　　**❷** エルサ　　**❸** アナとエルサ

Q086

アナと再会できたエルサが、
１つだけやりたいこととは？

❶ 氷の架け橋を作る

❷ スケートリンクを作る

❸ 雪だるまを作る

A 085　❶アナ

　魔法の森の岸辺に、しょんぼりとたたずむアナ。すると、水の精霊、ノックに乗ったエルサが現れた。エルサにもう会えないと思っていたアナは、再会を泣きながら喜んだ。

エルサはアナに、アレンデールが無事だったことを伝えると、「精霊たちは決めたの。アレンデールは続いていく。あなたと」と言った。エルサをじっと見つめたアナは、エルサが第5の精霊だと確信するのだった。

A 086　❸雪だるまを作る

　岸辺にクリストフとスヴェンもやってくると、エルサはアナに、「1つだけやりたいことがあるの」と言ったあとで、「雪だるま作るのは、どう？」と誘う。アナが首をかしげると、粉雪が飛んできて、エルサの魔法でオラフの形になった。オラフは、「ぼく、ハッピーエンドって大好き」と言って、みんなとの再会を喜んだのだった。このとき、アース・ジャイアントもやってきて、アナとエルサにあいさつをしている。

Q087 クリストフが、アナの前でプロポーズしたのは何度目？

1 2度目　　**2** 3度目　　**3** 4度目

A087 ❸ 4度目

　クリストフはアナに、「アナ、きみは今まで知り合ったなかで、いちばんすばらしい人だ。心の底からきみを愛している。結婚してくれないか?」と言ってプロポーズした。アナは、「いいわ!」と返事をすると、クリストフの胸に飛びこんだ。クリストフはこれまで3度もプロポーズを試みたが、いずれもタイミングが悪すぎてアナに気付いてもらえず、失敗していたのだった。3度目の正直ではなく、4度目の正直という訳だ。

1度目
ジェスチャーゲームを
したあと。

2度目
北に向かうソリの上で。

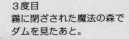

3度目
霧に閉ざされた魔法の森で
ダムを見たあと。

4度目　霧が晴れた魔法の森で。

Q088

祝福の宴で、アナ女王が、
アレンデールの人たちにかけた言葉は？

1 よろしく

2 あっ、どうも

3 ありがとう

Q089

クリストフの正装姿は、何時間だけ？

1 1時間だけ　　2 2時間だけ　　3 3時間だけ

A088 ❷ あっ、どうも

アナは、アレンデールの女王となった。
祝賀の宴で国じゅうが盛りあがっている。
カイが、「みなさん、お待たせしました。
アレンデールのアナ女王です」と告げると、
城の階段を下りていったアナは、祝福する
人たちに手をふり、「あっ、どうも」と声
をかけた。女王になっても、何事にも動じ
ず、楽観的な性格は健在だ。人々に慕われ、
愛されつづける女王となることだろう。

A089 ❶ 1時間だけ

アナは正装したクリストフを見て、「私のためにおめかしをしてくれた
のね」と喜ぶ。クリストフが、「1時間だけだ」と答えると、アナは、「い
いわ」と承知した。それからクリストフにキスすると、「いつもの服のほ
うが好きだから」と、小さな声で言ったのだった。そばにいるオラフもス
ヴェンも正装しているが、オラフは耐えきれず、すぐに元の姿に戻った。

広場で除幕式が始まった。
アナとマティアス将軍が幕を引くと、現れたのは？

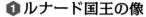❶ルナード国王の像

❷アグナル国王の像

❸少年と少女の像

Q091

風の精霊、ゲイルが
アナからたくされた手紙は、だれ宛の手紙？

❶パビー　　❷ハニーマレン　　❸エルサ

A 090　❸ 少年と少女の像

　アナとマティアス将軍が幕を引くと、中から現れたのは、少年とノーサルドラの少女の像だった。人々は、アレンデールとノーサルドラを結びつけた、少年ことアグナル国王と、ノーサルドラの少女ことイドゥナ王妃の像に心を打たれた。ちなみに、マティアス将軍は、34年間思いつづけていたハリーマという女性がいたのだが、再会できていた。

A 091　❸ エルサ

　アナの元に、紅葉したカエデの葉がくるくると円を描きながら落ちてきた。アナは、「あら、ゲイル、気に入った？」と声をかけ、エルサ宛の手紙を届けてほしいと伝えた。すると、鳥の形に折られた手紙は、本物の鳥のようにはばたきながら、カエデの葉といっしょにフィヨルドの空を飛んでいったのだった。

Q 092　今、エルサが暮らしている場所は、どこ？

1 ノースマウンテン

2 サザン・シー

3 魔法の森

Ａ092　❸ 魔法の森

　手紙は、エルサの手に届けられた。アレンデールをアナに任せたエルサは、自然と人間をつなぐ架け橋になる第5の精霊として、火、風、水、大地の精霊たち、そしてノーサルドラの人々といっしょに、魔法の森で暮らすことにしたのだった。アナの手紙には、こう書かれていた。「金曜日の夜のジェスチャーゲームに来てね。アレンデールは順調だから心配しないで。魔法の森をよろしくね。大好きよ」。エルサは、「私も大好きよ、アナ」と言うと、水の精霊、ノックに乗り、海の上を北に向かって走っていった。向かったのは、そう、アートハランだ！

『アナと雪の女王
エルサのサプライズ』

今日はアナの誕生日。アナとエルサに
とって、2人で祝うのは初めてのことで
す。たくさんのプレゼントをアナにわた
すエルサは、くしゃみが止まりません。

Q093

今日はアナの誕生日。パーティー会場の旗を
見上げたオラフは、クリストフになんと言った？

1 なんて
書いてあるの？

2 いろんな色を
使ったんだね

3 へたくそだよね

アナの誕生日の朝、エルサとクリストフはパーティーの準備に追われ、忙しくして
いた。会場にぶら下がっている、クリストフが書いた旗を見上げたオラフは、「あれ、
へたくそだよね」と、クリストフに言ったあと、「ぼく、読めないけど」と続けた。
本作の物語の設定は、前作『アナと雪の女王』から１年後なので、オラフはこの時点
では、まだ字を読む勉強を始めていないことが分かる。また、オラフの頭上には、雪
雲がある。前作のラストで、エルサがオラフのために魔法で出してくれた雪雲だ。

Q094

朝、ベッドサイドでエルサに、
「ハッピー・バースデー」と声をかけられたアナ。
アナは、なんと返事をした？

❶ありがとう　　❷トゥ・ユー　　❸もうちょっと寝かせて

Q095

アナが好きな花は、なに？

❶ヒマワリ

❷バラ

❸チューリップ

A 094　❷トゥ・ユー

　寝ぼけていたアナは、「トゥ・ユー」と受け答えするが、今日が自分の誕生日だと気付き、あわてて起き上がった。ずっと離ればなれに暮らしていたエルサとアナにとって、2人で誕生日を祝うのは初めてのことなのに、寝坊とは。そう言えば、アナはエルサの戴冠式の日も寝坊している。物事に動じないアナらしい。ちなみに、着ている

ネグリジェは、戴冠式の日に着ていたもの（左のアナのネグリジェ）と、色も模様も同じように見えるが……。物持ちがいい？　同じデザインのものを数着持っている？

A 095　❶ヒマワリ

　アナが大好きな花は、ヒマワリだ。だから、パーティー会場のケーキ、テーブルクロス、そして、アナのスカートなど、いろいろなところにヒマワリの模様が使われている。アナが着ているブラウスの胸元のボタンもヒマワリだ。夏生まれのアナには、ぴったりの花なのだ。物語の中では語られていないが、アナの誕生日は夏至だ。

Q096 糸をたどると、次々と現れるプレゼント。
花束の次に現れたプレゼントは、なに？

❶ ブレスレット

❷ オラフの鳩時計

❸ サンドイッチ

A096 ❸ サンドイッチ

「この糸をたどって」とエルサに言われたアナは、糸をたどる。すると、最初に現れたプレゼントは、兜のマスクの中に入っていたブレスレットだった。次にオラフの鳩時計→花束→サンドイッチ→アナたちの肖像画→靴下→釣りざお→スノードーム→マント→子どもたちの歌→キャンドルが飾られた帽子→木彫りの人形となる。時計台の上に用意してあった、アナとエルサの姿をした木彫りの人形は、国いちばんの彫刻家に頼んだもので、これが最後のプレゼントだ。物語の中では、この人形のことには触れず、体調が悪化したエルサは、アナに連れられて時計台を下りていった。

①ブレスレット ②オラフの鳩時計

③花束

④サンドイッチ

⑤アナたちの肖像画

⑥靴下

⑦釣りざお

⑧スノードーム

⑨マント

⑩子どもたちの歌

⑪キャンドルが飾られた帽子

⑫木彫りの人形

Q097

エルサのくしゃみから現れる
雪だるまの名前は？

1 リトルスノーマン

2 スノーギース

3 ミニオラフ

A097 ❷ スノーギース

　風邪を引いたエルサがくしゃみをするたびに現れるのがスノーギースだ。スノーギースという名前は、物語の中では呼ばれていない。ミニオラフという案もあったのだが、snow（雪）に、くしゃみをするという意味の、sneezeを合わせて、スノーギースになった。オラフはスノーギースを、「かわいい弟」と呼んでかわいがっている。エルサはアナのプレゼントを、徹夜をして街のあちこちに隠していたので、風邪を引いてしまったのだ。「少しも寒くないわ」のエルサが、風邪を引くとは意外だ。

Q 098 エルサが角笛を吹くと、雪の玉が飛びだした。
雪の玉が向かった方角は？

❶北の方角　**❷南の方角**　**❸東の方角**

Q 099 オラフはスノーギースを、
だれのところに連れていった？

❶オーケンのところ

❷トロールのところ

**❸マシュマロウの
ところ**

A098　❷ 南の方角

　アレンデールでは、王家の記念日に角笛を吹く風習になっている。エルサは、角笛を吹くと同時にくしゃみをした。するとくしゃみが雪の玉になり、南の方角にあるサザンアイルズにいるハンス王子の元へ飛んでいった。雪の玉は、ちょうど馬のフンを片付けていたハンスに命中し、ハンスはフンまみれに……。アレンデールの国王になろうと企んでいたハンスだったが、自国に戻されたあと、馬の世話係に降格していたのだった。

A099　❸ マシュマロウのところ

　オラフはクリストフとスヴェンといっしょに、スノーギースをマシュマロウのところへ連れていった。ハンス王子に片足を切られ、崖から落ちていったマシュマロウだったが、氷の宮殿で、元気に暮らしていたのだ。マシュマロウは、オラフが「スラッジ、スラッシュ、スライド、アンセル、フレーク……」と、勝手に名付けたスノーギースたちを見て、あっけにとられた。でも、このちっちゃな雪だるまたちが気に入り、面倒を見てあげることにしたのだった。

『アナと雪の女王／家族の思い出』

クリスマスの日。オラフは、各家族にあるはずのものが王家にはなく、さびしそうにしているアナとエルサに気付きます。そこで、それを探すことに……。

Q100 ユールの鐘を鳴らすアナとエルサ。
このあと開かれる
クリスマス・パーティーの場所は、どこ？

❶教会

❷城の中庭

❸城の大広間

A100 ❸ 城の大広間

　アナとエルサは、アレンデールの人々のためにクリスマス・パーティーを準備した。クリスマスの始まりを伝えるユールの鐘を鳴らしたあとにみんなを招待し、驚かせるつもりなのだ。場所は大広間だが、エルサの戴冠式後に開いたパーティー会場とはちがう大広間だ。城には2つの大広間が並んでいて、今回の大広間は、城の扉を開いたところにある。離ればなれに暮らしていたアナとエルサにとっては、城でいっしょに祝う、初めてのクリスマスとなる。ちなみにユールとは、ノルウェー周辺におけるクリスマス・シーズンを指す言葉だ。

Q 101

オラフはソリに乗り、アナとエルサにはない、
家族のある物を探しにでかけた。
そのある物とは？

1 家族の宝物

2 家族の伝統

3 家族の贈り物

Q 102

オラフが最初に訪れた家庭では、
どんなことをして、クリスマスを祝う？

1 家族で
キャンディーを
作って祝う

2 家族で
ソックスを
飾って祝う

3 家族で
クッキーを
焼いて祝う

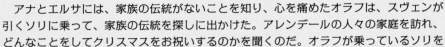

　アナとエルサには、家族の伝統がないことを知り、心を痛めたオラフは、スヴェンが引くソリに乗って、家族の伝統を探しに出かけた。アレンデールの人々の家庭を訪れ、どんなことをしてクリスマスをお祝いするのかを聞くのだ。オラフが乗っているソリを

見ると、アナがクリストフに弁償した、あの最新モデルのソリだ。きれいなソリから、クリストフが今も大切に使っていることが分かる。

A102　❶ 家族でキャンディーを作って祝う

　オラフは最初に訪れた家庭で、「このおうちでは、どんなことをするのか教えて」と聞いた。すると家族でキャンディーを作って祝うのだと教えてくれたのだった。手渡されたキャンディーを鼻に刺してみたオラフは、「ビビビビ、きちゃう」と上機嫌になる。このとき英語版では、「シュガー・ラッシュ！」と叫んでいるのだが、それは、『シュガ

ー・ラッシュ：オンライン』の公開が決まっていたからか？（『アナと雪の女王／家族の思い出』は2017年公開、『シュガー・ラッシュ：オンライン』は2018年公開）。

Q103 アレンデールのクリスマスの装飾に、
たくさん使われる動物は、なに？

1 シカ

2 トナカイ

3 ヤギ

北欧では、ユール・ゴートと呼ばれるヤギのオーナメントを飾って、クリスマスをお祝いする。北欧神話に由来するヤギで、クリスマスイブにクリスマスの準備ができているかを見てまわるのだ。ノルウェーをモデルにしたアレンデールでも、城の橋やユールの鐘の両側、民家の扉、パーティー会場のテーブルクロスやアナのドレスの裾など、いたるところでこのヤギを見ることができる。ちなみに、ユールの鐘をセッティングしたのは、クリストフだ。

Q104

エルサが屋根裏で見つけた、
サー・ヨルゲンビョルゲンは、なんの人形？

①ペンギンの人形
②フクロウの人形
③スズメの人形

Q105

アナとクリストフが、
ペアで身につけているものは、なに？

①帽子　②手袋　③帯

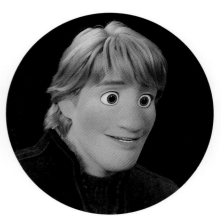

A104　❶ペンギンの人形

城の屋根裏でペンギンの人形を見つけたエルサは、「サー・ヨルゲンビョルゲン！」と、なつかしそうに叫んだ。幼いころからエルサの話し相手だった人形なのだ。サー（Sir）は、男性の敬称。そしてマントを着けているので、エルサの頼れるナイトだったのかもしれない。アナとエルサの部屋は、それぞれ城の4階にあるのだが、その上が屋根裏になっている。

A105　❸帯

アナとクリストフが、まだ恋人関係であることは、色ちがいの帯（楕円の部分）を巻いていることから明らかだ。衣装は、ノルウェーの民族衣装を参考にデザインされている。クリストフが、アナにプロポーズする決心をしたのは、『アナと雪の女王2』の物語の中でだが、このときも胸に秘めたアナへの思いは同じだ。